# Kosmologie der Würde

## Der Genozid an den Tieren

Grischa Thomas W. Eichfuss

# WIDMUNG UND DANKSAGUNG

*Ich widme dieses Buch meinem geliebten Kater „Socke". Socke ist ein sehr freundliches Tier, der alle Menschen liebt. Er geht zu allen, sogar zu Fremden, und schmust mit Ihnen. Er hat ein Herz aus Gold. So etwas Liebes, Süßes und Herziges wie ihn habe ich noch nirgendwo auf der Welt gesehen.*

*Ein besonderer Dank geht an meinen Assistenten Karlheinz Uhrich, der mich durch unsere intensiven Gespräche und Diskussionen inspirierte und zum Denken herausforderte.*

# Inhaltsverzeichnis

*„Mit derselben Speise genährt, mit denselben Waffen verletzt, denselben Krankheiten unterworfen, mit denselben Mitteln geheilt, gewärmt und gekältet von eben dem Winter und Sommer (…)? Wenn ihr uns stecht, bluten wir nicht? Wenn ihr uns kitzelt, lachen wir nicht? Wenn ihr uns vergiftet, sterben wir nicht?"*

William Shakespeare, Der Kaufmann von Venedig,

Dritter Aufzug, Erste Szene

# I EINLEITUNG

Täglich werden Millionen ermordet. Sie werden in Massen hingerichtet, nachdem sie ihr Leben lang für ihre Herren schuften und arbeiten mussten. Sie werden unter unwürdigen Bedingungen zusammengepfercht und gedrillt. Ohne Bezahlung, ohne Dank, ohne Würde. Sie haben keinen Namen, man gibt Ihnen Nummern. Niemand macht sich die Mühe. Es geschieht jeden Tag auf der ganzen Welt und auch in unserem Land. Sie werden direkt vor unserer Haustür ermordet – zu hunderttausenden. Es gibt keine Entsetzensschreie, keinen Aufruhr und Protest unter den Menschen. Sie halten es für normal, genaugenommen stört es niemanden. Im Gegenteil: Alle Wissen es und sind im Grunde froh, dass es geschieht! Ich rede vom Holocaust – an den Tieren. Jedes Jahr werden weltweit 74 Milliarden Tiere geschlachtet. Das ist das Zehnfache der (menschlichen) Weltbevölkerung. Eine monströse und absurde Zahl. **Tiere sind fühlende, soziale Lebewesen und in meinen Augen genau so viel Wert wie Menschen.** Deshalb ist der Tod von 74.000.000.000 Tieren pro Jahr Massenmord und das mit Abstand größte Verbrechen, das der Mensch jemals in seiner Geschichte begangen hat. Es ist das perfekte Verbrechen: Ein perfektes Verbrechen ist *das* Verbrechen, welches nicht als solches erkannt wird. Es gibt keine Täter und keinen Richter. Es spielt sich vor den Augen der Öffentlichkeit ab. Doch keiner benennt das Offensichtliche. Deshalb von mir der Appell an alle Menschen:

> „Jeden Tag werden weltweit Millionen Tiere in Massenhaltungen gequält und in unvorstellbaren Mengen getötet. Das Leben der Tiere ist ohne Hoffnung und Freude, sie sind Todgeweihte. Sie werden getötet, weil Ihr billiges Fleisch wollt. Sie werden getötet, weil ihr kulinarisch genießen wollt. Ihr tötet sie."

Der Begriff des „Holocaust" wird in der Regel mit den jüdischen Konzentrationslagern und dem Genozid an den Juden assoziiert. Jedoch sind die Parallelen erschreckend. In beiden Fällen wurden lebenden und fühlenden Wesen Würde und Seele abgesprochen, wodurch sie zu nützlichen Gegenständen mutierten, die anonym und alleine sterben mussten. In beiden Fällen versucht(e) man erstmals Leben industriell zu vernichten. Der Vergleich des Genozids der Tiere mit dem der Juden soll in **keinerlei Weise** den heimtückischen Mord am jüdischen Volk relativieren oder schmälern. Meine Großeltern sind in den KZ´s der Deutschen umgekommen und mein Vater entkam nur mit Glück dem gleichen Schicksal. Der Genozid an den *Juden* war das schwerste Verbrechen, das Menschen je an *Menschen* begangen haben. Der Genozid an den *Tieren* ist das schwerste Verbrechen, welches Menschen *jemals* begangen haben.

*Nimm nur das, was Du brauchst, nicht was Du willst.*

Weisheit der Palau

# II DER HOLOCAUST

## Kapitel 1 Das Sterben

Weltweit sterben jährlich 74 Milliarden Tiere in den Schlachthöfen, davon rund 750 Millionen in Deutschland. In Deutschland wurden 2017 insgesamt **683 Millionen Geflügeltiere**[1] geschlachtet (599 Millionen Masthühner, 31 Millionen Suppenhühner, 16 Millionen Enten, 35 Millionen Truthühner und 800.000 Gänse). Hinzu kommen 58 Millionen Schweine, 3,5 Millionen Rinder, 1,1 Millionen Schafe, 20.000 Ziegen und 7100 Pferde (Das sind nochmal **64 Millionen** getötete Tiere.)[2] Zusätzlich werden in Deutschland **1,6 Millionen Wildtiere** (Füchse, Hasen, Hirsche, Rehe) durch Jagd getötet.[3]

---

[1] Statistisches Bundesamt (Destatis): Geflügelschlachtereien, Geschlachtete Tiere, Schlachtmenge: Deutschland, Jahre, Gefügelart 2017

[2] Destatis 2018: Geschlachtete Tiere, Schlachtmenge: Deutschland, Jahre, Tierarten, Schlachtungsart für 2017

[3] Jahresjagdstrecke Bundesrepublik Deutschland, Jagdjahr 2016/2017

| Gebiet | Bereich | Tierart | Jahr | Menge |
|---|---|---|---|---|
| World | Geschlachtete Tiere | Esel | 2016 | 2.569.520 |
| World | Geschlachtete Tiere | Vögel | 2016 | 55.324.000 |
| World | Geschlachtete Tiere | Büffel | 2016 | 26.190.707 |
| World | Geschlachtete Tiere | Kamel | 2016 | 2.445.235 |
| World | Geschlachtete Tiere | Rinder | 2016 | 302.018.862 |
| World | Geschlachtete Tiere | Hühner | 2016 | 65.847.411.000 |
| World | Geschlachtete Tiere | Enten | 2016 | 3.056.103.000 |
| World | Geschlachtete Tiere | Wild | 2016 | 655.978 |
| World | Geschlachtete Tiere | Ziegen | 2016 | 459.861.000 |
| World | Geschlachtete Tiere | Gänse, Perlhühner | 2016 | 658.903.000 |
| World | Geschlachtete Tiere | Pferde | 2016 | 4.784.491 |
| World | Geschlachtete Tiere | Maultiere | 2016 | 477.506 |
| World | Geschlachtete Tiere | Andere | 2016 | 93.292 |
| World | Geschlachtete Tiere | Andere Kameliden | 2016 | 944.671 |
| World | Geschlachtete Tiere | Andere Nagetiere | 2016 | 70.440.000 |
| World | Geschlachtete Tiere | Schweine | 2016 | 1.478.167.073 |
| World | Geschlachtete Tiere | Kaninchen | 2016 | 980.785.000 |
| World | Geschlachtete Tiere | Schafe | 2016 | 551.420.651 |
| World | Geschlachtete Tiere | Puten | 2016 | 673.278.000 |
| | | | TOTAL | 74.171.872.986 |

**Quelle**: *FAOSTAT [Region: World + (Total), Element: Producing Animals/Slaughtered, Items Aggregated: Meat, Total > (List), Year: 2016]*

**Tabelle 1**: Menge der weltweit geschlachteten Tiere im Jahr 2016

Betrachten wir nun die getöteten Fische und Meeresfrüchte. In Aquakulturen wurden 2017 in Deutschland über 36 Millionen Kilogramm Fisch, Weichtieren und Fischrogen durch (Aquakultur und gefangene Meeresfrüchte) bei 172,2 Milliarden Kilo.[4] Die größte Schlachtmenge wird in China erzielt, gefolgt von Indonesien, Indien, USA und Russland.[5]

**Betriebe mit Erzeugung in Aquakultur, Erzeugte Menge: Deutschland, Jahre, Aquakulturerzeugnisse**

Erhebung über die Erzeugung in Aquakulturbetrieben
Deutschland

| Aquakulturerzeugnisse | Betriebe mit Erzeugung in Aquakultur | Erzeugte Menge |
|---|---|---|
| | Anzahl | kg |
| 2017 | | |
| Fische | 2 684 | 19 247 340 |
| Krebstiere | 29 | . |
| Weichtiere | 11 | 16 856 192 |
| Rogen/Kaviar | 33 | 72 550 |
| Insgesamt | 2 706 | 36 214 394 |

Betriebe mit Erzeugung in Aquakultur, Erzeugte Menge:
Ohne Aquarien- und Zierarten, ohne Brut- und
Aufzuchtanlagen.

© Statistisches Bundesamt (Destatis), 2018 | Stand: 17.10.2018 / 14:03:19

Eine Statistik über die Anzahl der getöteten Fische habe ich in keiner Statistik finden können. Wenn man ein geschätztes

---

[4] FAO Data: Fisheries and Aquaculture Department, Jahresbericht 2016

[5] a.a.O

Durchschnittsgewicht von 5-20kg zugrunde pro Fisch zugrunde legt, wurden 2016 schätzungsweise zwischen **8 und 34 Milliarden Fische und Meeresfrüchte getötet**.

*Die ihr eintretet, lasst alle Hoffnung fahren!*

Dantes, Die Göttliche Komödie, Hölle III, 9

# Kapitel 2 Das Quälen

Im letzten Kapitel habe ich Ihnen gezeigt, wie viele Tiere getötet werden. Die Zahlen sind absurd monströs. Das ist sehr schlimm. Es ist das Resultat der Industrialisierung der Massentierhaltung. Das hergestellte Produkt sind Tiere und im anderen Fall deren Erzeugnisse. Tierische Lebewesen werden als Produktionsgüter betrachtet. Sie unterliegen ausschließlich den Faktoren Effizienz und Rentabilität. **Lebewesen werden hier als Gegenstände besser gesagt Handelsware gesehen und dementsprechend behandelt.** Dies ist in meinen Augen eine ethische Todsünde. Das hat die westliche Welt früher mit den schwarzen Sklaven und die Nazis mit den Juden gemacht. Dementsprechend ist das Leben der Tiere: Sie verbringen ihre zumeist kurze Existenz unter unwürdigen Qualen.

Diese möchte ich in diesem Abschnitt behandeln. Massentierhaltung zielt darauf ab, in kürzester Zeit ein Maximum an Tieren zu schlachten oder möglichst viele Eier und Milch zu produzieren. Bei dieser Haltungsform müssen sehr viele Tiere auf engsten Raum miteinander leben. Dies hat sehr unangenehme

Konsequenzen für die Tiere![6]

## Minimale Bewegungsmöglichkeiten

- Da die Tiere viel zu wenig Platz haben, ist es Ihnen unmöglich, sich natürlich auszuleben. Ein arteigenes Verhalten wird unterdrückt. Dies führt zu immensen psychischen Problemen.

- Die Tiere sind zusammengepfercht, sodass sie keine oder nur minimale Bewegungsmöglichkeiten haben

- Keine Ruhe- und Rückzugsmöglichkeiten: Die Tiere sind rund um die Uhr mit tausenden von Artgenossen zusammen. Es ist laut, es stinkt. Da die Tiere nirgendwo hinkönnen, um wenigstens ein paar Minuten Privatsphäre zu haben, leiden sie enorm. In Haltungen mit Freilauf hätten Tiere die Möglichkeit, sich zurückzuziehen.

- Keine arteigene Futteraufnahme: Schweine wühlen und suchen zum Beispiel in Freiheit die Nahrung oft stundenlang. Dies können sie in Massenhaltungen nicht tun.

- Kein arteigenes Erkundungs-, Komfort- oder Sozialverhalten

## Psychosomatische Folgen der obigen Punkte:

- Die Tiere sind aggressiv und unruhig

---

[6] Quelle: Deutscher Tierschutzbund www.tierschutzbund.de

- *Ängstlichkeit:* Viele Tiere reagieren mit deutlich gesteigerter Angst auf die beengende Situation. Sie sind nervös und wissen nicht wohin mit ihren Gefühlen.

- *Stereotypien:* Es entwickeln sich zwanghafte Verhaltensmuster wie z.B. das andauernde Nicken von Hühnern. Auch Tiere in Zoos bilden oft unnatürlicher Muster immer wiederkehrender Bewegungsabläufe. In der Regel spricht man von Stereotypie, wenn ein dysfunktionales, pathologisches Verhalten ständig wiederholt wird.

- *Kannibalismus:* Tiere beißen und verletzen sich gegenseitig. Sie fallen übereinander her und versuchen das Fleisch des Artgenossen zu essen

- *Langeweile:* Dadurch dass es für die Tiere nichts zu tun gibt und sie sich schwerlich bewegen können, langweilen sie sich. Da sich kaum jemand persönlich um sie kümmert, erhalten sie weder Ansporn noch Zuspruch. Die Kombination aus eingesperrt sein und vom Menschen sich selbst überlassen erschafft eine monotone und reizarme Umgebung

- Hohe Krankheitsanfälligkeit

## Antibiotika Gaben

- Durch die Enge der Tiere kommt es zu Verletzungen und hoher Ansteckungsgefahr.

- Deshalb erhalten 91 % der Tiere regelmäßig Antibiotikagaben. Diese werden häufig nur prophylaktisch gegeben. Dies ist auch notwendig, weil die Zahl der Krankheitserreger extrem hoch ist. Denn die Exkremente tausender Tiere, der geschlossene Raum und die stinkende Luft sind ein idealer Nährboden für Bakterien, Viren und Pilze

- Antibiotika Resistenzen: Durch die ununterbrochenen Antibiose Behandlungen bilden die Bakterien eine immer größere Widerstandsfähigkeit aus, sodass die Wirksamkeit der Therapie nachlässt. Das bedeutet, dass die Tiere dauernder erkranken. Dies hat zur Folge, dass sie noch häufiger mit Antibiotika behandelt werden, was wiederum zu größeren Resistenzen führt. Die Tiere stecken in einer ungesunden Abwärtsspirale aus Krankheiten, Immunschwäche und immer höheren Antibiose Gaben.

## Gewaltsame Zwangsanpassung der Tiere an die Massenhaltung

- Schnäbel von Hühnern werden gekürzt, damit die Tiere sich in der Enge nicht gegenseitig töten oder verletzen (siehe oben unter den Punkten *Kannibalismus*, *Angst* und *Aggressivität*)

- Enthornung: Kühen und Rindern werden die Hörner abgesägt, damit sie sich in der Beschränktheit des Raums nicht gegenseitig lädieren oder die Landwirte Ringelschwänze (Kupieren): Schweinen werden die Schwänze abgeschnitten, weil sie dadurch „kleiner" werden. Ein weiterer Grund: Schweine beißen sich aufgrund der nicht artgerechten

Hatung gegenseitig in die Ringelschwänze. Das führt zu Verletzungen, Krankheiten und Kannibalismus. Um dies zu verhindern, werden die Schwänze gewaltsam abgeschnitten.

- Schweine werden ohne Betäubung kastriert. Um das Ausleben des Sexualtriebs zu verhindern, der aufgrund der Enge zu Chaos führen würde, werden Ihnen im wörtlichen Sinne die Eier abgeschnitten. Die Tiere schreien vor Schmerz und haben Todesangst.

- Ein weiterer Grund für die Kastration ist die Unterdrückung der Eberhormone in männlichen Hausschweinen. Diese führen dazu, dass die Schweine bestialisch stinken. Das wiederum mindert den Fleischgeschmack.

**Züchtung der Tiere auf schnelles Wachstum, hohe Leistungsfähigkeit und optimierte Schlachtmenge**

Tiere werden so gezüchtet, dass sie genetisch optimal an ihre Aufgabe angepasst werden. Kühe haben große Euter, Rinder extrem viel Muskelmasse und Hühner legen viele Eier.

Der Deutsche Tierschutzbund schreibt auf seiner Homepage: „Gewinnmaximierung ist auch in der Tierzucht oberstes Ziel. Ergebnis sind rekordverdächtige und unphysiologisch hohe Leistungen, die allzu oft erhebliche Leiden für die Tiere mit sich bringen." (www.tierschutzbund.de).

Der Faktor Zeit spielt für eine effiziente Produktivität eine große Rolle. Denn wie wir alle wissen: „Zeit ist Geld". Also werden alle Tiere, die Fleisch liefern sollen, auf eine Art und Weise gezüchtet, dass sie so schnell wie möglich wachsen, um so schnell es geht geschlachtet zu werden. Masthähnchen erreichen ihr Schlachtgewicht bereits 6 Wochen nach ihrer Geburt. In den Achtzigern des 20. Jahrhunderts dauerte dies noch doppelt so lang.[7] Puten müssen das Dreifache ihres Körpergewichts tragen als die ursprüngliche Wildform. Dieses Schnellwachstum hat sehr unangenehme Folgen für die Tiere: Die Hälfte der fleischliefernden Arten hat starke Gelenkschmerzen, Gelenk und Knochendeformationen. Das liegt an folgendem: Die Entwicklung der Beine ist langsamer als das Wachstum der Muskelmasse. Die Tiere knicken immer wieder ein. Sie leiden darüber hinaus an Übergewicht und bekommen massive Herz-Kreislauf Probleme.

Lassen Sie uns resümieren: Tiere leiden in ihrer (kurzen) Existenz an chronischen Schmerzen, ihnen ist aufgrund der Herz-Kreislauf Problematik oft schwindelig und übel. Auch Legehennen und Milchkühen steht ein schmerzhaftes Leben bevor. Legehennen legen 300 Eier im Jahr (fast jeden Tag eins). Das ist das Fünffache der Wildform. Für diese Massenproduktion sind die Hennen trotz Züchtung nicht gemacht. Sie leiden regelmäßig unter schmerzhaften Eileiterentzündungen.

---

[7] Homepage Deutscher Tierschutzbund 2018: www.tierschutzbund.de

Milchkühe sind so gezüchtet, dass ihr Körper die zehnfache Menge an Milch produziert, die für das Säugen des Kälbchens notwendig wäre. Ihre schon überdimensionierten Euter entzünden sich immer wieder besonders an den Zitzen. Da die Milch hormonell mit der Geburt gekoppelt ist und hier durch Züchtung eingegriffen wird, leiden die armen Milchkühe an starken Stoffwechselstörungen. Dies hat zu einer deutlich verkürzten Lebenserwartung geführt.

Denken Sie daran, welche Leiden die Tiere bereits durch die Enge, den Bewegungsmangel und den Gestank erdulden müssen. Das alles mit lebenslangen Schmerzen zu ertragen, ist die wahr gewordene Hölle auf Erden.

# Kapitel 3 Die Entseelung

Um optimale Resultate bei der „Produktherstellung" zu erzielen, greift die Industrie schon seit langer Zeit auf exzessive Züchtung und künstliche Befruchtung zurück. Das „Produkt Tier" wird seit Jahrzehnten nicht mehr durch sexuelle Fortpflanzung hergestellt. „Kaum ein Nutztier in Menschenhand erlebt den Zyklus des Lebens, der die Evolution antrieb: weil das Prinzip, die Leiden und die Erniedrigungen der Industrialisierung eben nicht nur für das Ende, sondern auch für den Beginn dieser Leben gelten."[8]  Die Fortpflanzung in der Rinderzucht läuft in den meisten Fällen folgendermaßen ab: Am Anfang steht die Produktion von männlichem Sperma in Samenbanken. Hierzu zeigt man Bullen einige weibliche Kühe aus sicherer Entfernung, um sie zu erregen. Dann führt man die Rinder zu einem Ochsen. Da die Bullen in ihrem Leben noch nie einen Ochsen zu Gesicht bekommen haben, bemerken sie nicht, dass sie reingelegt werden. Also besteigt der Stier freudig den armen Ochsen. Kurz bevor der Bulle das Sperma raus spritzt, springt er mit den Hinterbeinen hoch. Das ist das Zeichen. Schnell wird er runtergezogen, bekommt eine Art Kondom auf seinen Penis und ejakuliert dort hinein. Das Ejakulat wird dann umgehend in diverse Laborröhrchen abgefüllt, beschriftet

---

[8] Süddeutsche Zeitung 2014, Artikel „Hungertote Tiere", www.sueddeutsche.de

und sofort eingefroren.

Der nächste Schritt ist die Besamung. Spermalabore bieten landwirtschaftlichen Betrieben das passende Sperma an. Dazu fährt ein Außendienstmitarbeiter mit einem Laptop zu den Landwirten. Im PC führt er eine ausführliche Datenbank mit sich. Der Stammbaum eines jeden Spenderbullen mit seinen besonderen Eigenschaften ist dort notiert: Ein Steckbrief seiner DNS, wenn man so will. Die Landwirte wählen das Sperma, welches am besten zu den Zuchtzielen passt. Dazu werden die Stammbäume der Kühe herangezogen. Dies erledigt eine entsprechende Software. Hat der Bauer das passende Sperma bestellt, erhält der Bauer das tiefgefrorene Ejakulat und besamt damit künstlich die Kühe.[9]

In der Massentierhaltung werden nicht nur Rinder ausschließlich durch künstliche Besamung „hergestellt". Dies gilt für alle Tiere. Das heißt, dass kein einziges tierisches Lebewesen mehr durch natürlichen Sex entsteht. Das Millionen Jahre alte Fortpflanzungsprinzip findet in der Intensivlandwirtschaft ein evolutionäres Ende. Das letzte Bindeglied zu einem natürlichen Leben ist durch die ausschließlich künstliche Fortpflanzung endgültig zerschnitten. In meinen Augen wird den Tieren damit der Rest an Identität und Seele geraubt. Das Leben der Tiere ist begleitet von physischen und psychischen Schmerzen.

---

[9] Filmdokumentation „Das Leben der Kühe", Frankreich 2016

Sie sind Todgeweihte und wissen es. Ihr Leben ist kurz und von größten Qualen begleitet, die mich an menschliche Foltermethoden zur Zeit der Inquisition erinnern. Denken Sie bitte daran: Tiere sind leidensfähige und fühlende Lebewesen wie der Mensch. Alle die Verstümmelungen, die Unterdrückung ihrer Lebensgewohnheiten, die klaustrophobischen Lebensumstände, der Mangel an frischer Luft und direktem Sonnenlicht, die Aussicht auf ein kurzes Leben, machen ihre Existenz zu einem freudlosen kafkaesken Albtraum, aus dem es kein Erwachen gibt. Tiere sind Kreaturen ohne Hoffnung.

Stellen Sie sich vor, werter Leser, dass Sie vom Anbeginn ein Leben wie diese armen Geschöpfe führen müssten? Was würden Sie fühlen? Wie wäre Ihre Lebensqualität?

**Lassen Sie uns ein kleines Gedankenexperiment machen.** Bitte legen Sie mein Buch für einen Moment zur Seite und schließen 2 Minuten die Augen.

1. Stellen Sie sich ca. 30 Sekunden bildlich vor wie ein Schwein ohne Betäubung kastriert wird

2. Danach stellen Sie sich ca. 30 Sekunden bildlich vor wie die Schweine mit leeren, traurigen Blicken zu tausenden aneinandergereiht in Ihren Buchten stehen ohne

Möglichkeit zu laufen und zu rennen. Ein Leben ohne Sonne und Hoffnung, lebenslänglich im Gefängnis mit dem sicheren Tod vor Augen.

Jetzt stellen Sie sich Punkt 1 erneut vor mit dem kleinen Unterschied, dass sie selbst anstatt des Schweins kastriert werden

3. Jetzt stellen Sie sich Punkt 2 nochmal genauso vor mit dem kleinen Unterschied, dass sie selbst in der Box sind anstatt des Schweins und tausende andere Menschen sind mit Ihnen eingepfercht. Es stinkt nach Urin und Fäkalien.

4. Und nun fragen Sie sich noch mal: Was würden Sie fühlen? Wie wäre Ihre Lebensqualität?

Worte allein genügen nicht, um Menschen, die Qual *wirklich* verstehen zu lassen. Sie benötigen Emotionen, um sie zu verinnerlichen. Zum Abschluss dieses Kapitels möchte ich deshalb das grauenerfüllte Leben der Tiere, in einem von mir verfassten Gedicht widerspiegeln. Bitte lesen Sie auf der nächsten Seite, was ein Tier fühlt, wenn es sein Leben in der Massentierhaltung führen muss.

# *Schlafenszeit*

Traurig der Welt entrückt, sinniert dem Elend
Umfasst der Funke der Verdammnis in steter Glut
Der Höllenlast umgeben von der Pein,
die sich in die Seele ätzt


Freude ist nur der Traum der Höllenmaschine
Traurig, entgeistert in der Ferne des Gespenstes tiefer Verdammnis Unbefugt streckt sich die wahnsinnige Erkenntnis
in mein blutend Herz


Verloren im Sumpf stinkender Exkremente,
der Sache erlegend dem Henker
Meiner Kinder Kindeskinder erstickt,
besudelt, darnieder gestreckt das Eisen gelabter


Ja ich will gestrig, vorhergehend ist Tod und Leid mein Brot.
Weint in meiner tiefsten Pein der siechende Schlund
der getrieften frostigen dunklen Seel
Tod sein, kastriert, erschlagen, was ich tragen kann,
kümmert des Sensenmeister nicht

*Er kann die Qual in der Hölle der Tiefe nicht erspüren,*

*spinnt teuflisches Garn um meine Kehle*

*Starre Erkenntnis tötet stärker als der Wunsch der meinen*

*endlich die ferne Sonne zu sehen*


*Helft meinen Kindern die Flut des Blutes*

*in den tödlichen Horizont zum Gestern zu begleiten*

*Weint in Ergriffenheit, die Seele zu begreifen,*

*höhlt den Schrecken, der mich umgibt.*

*„Mit derselben Speise genährt, mit denselben Waffen verletzt,*

*denselben Krankheiten unterworfen, mit denselben Mitteln*

*geheilt, gewärmt und gekältet von eben dem Winter und Som-*

*mer (...)? Wenn ihr uns stecht, bluten wir nicht? Wenn ihr uns*

*kitzelt, lachen wir nicht?*

*Wenn ihr uns vergiftet, sterben wir nicht?"*

*William Shakespeare, Der Kaufmann von Venedig, Dritter Aufzug, Erste Szene*

# III ETHIK

## Kapitel 1 Gleichheit von Mensch und Tier

Wenn ich im weiteren Verlauf von der Massentierhaltung schreibe, meine ich damit Tiere, die von den Menschen als Nutztiere gehalten werden. Spreche ich von Menschen, ist damit die Art (Spezies) des Homo sapiens gemeint.

Wenn ich über Tiere und Pflanzen spreche, meine ich damit das Reich der Tiere bzw. der Pflanzen mit der Gesamtheit aller Arten (Spezies). Wenn ich die Begriffe *Natur, Naturreich* oder

*Mutter Natur* verwende, meine ich damit die **Gesamtheit der belebten, biotischen Natur** (Pflanzen, Tiere, Pilze, Protisten, Prokaryoten und deren Ökosysteme) **und der unbelebten, abiotischen Natur** unserer Erde. Zur unbelebten Natur zählen für mich Mineralien, Steine, Vulkanismus, Tektonik, Strahlungen, Schnee, Atmosphäre, Wasser, Ozeane, Gase, Luftströmungen, Biosphäre und deren Systeme, des Weiteren die Summe der globalen Ökosysteme, an denen weder Bakterien, Pflanzen noch Tiere beteiligt sind. Letzteres gilt oft als Definition der unbelebten Natur, aber ich finde das unkorrekt, weil in allen Wassersystemen Pflanzen und Tiere eine wichtige Rolle spielen. Ein anderes Beispiel ist die Biosphäre, die ihren Sauerstoff durch die Photosynthese von Pflanzen erhält. Deshalb liste ich Ökosysteme ohne Bakterien, Pflanzen und Tiere extra.

Meine Definitionen bedienen sich, so gut ich das vermochte, der biologischen Taxonomie und Phylogenetik. Meine Definitionen sind der Übersicht halber einfach gehalten und beanspruchen keine Vollständigkeit im wissenschaftlichen Sinne.

Die Tötung eines Menschen oder eines Tieres stellt, formal gesehen, denselben Akt mit demselben Ergebnis dar. Ein Kopfschuss tötet ein Schwein genauso wie einen Menschen. Trotzdem wird die Tötung eines Menschen im Gesetz härter bestraft wie wie die Tötung eines Tiers. Die Bestrafung für den Mord an einem Menschen ist in Deutschland eine lebenslange Haftstrafe. In einigen Ländern verhängt man dafür sogar die Todesstrafe. Die Bestrafung für die Tötung eines Menschen ist deutlich höher als für die Tötung eines Tieres. Im Tierschutzgesetz gilt für einen Menschen, der „ein Wirbeltier ohne vernünftigen Grund tötet oder einem Wirbeltier aus Rohheit erhebliche Schmerzen oder Leiden oder länger anhaltende oder sich wiederholende erhebliche Schmerzen oder Leiden zufügt", dass dieser neben einer Geldstrafe eine Gefängnisstrafe von bis zu 3 Jahren erhalten kann. In der rechtlichen Praxis ist die Kluft noch größer, da die Haftstrafe für die Tötung eines Tieres so gut wie nie zur Anwendung kommt. In der Regel wird die Straftat mit einer Bewährungs- oder Geldstrafe geahndet.

Ich selber bin bei meiner Recherche nur auf 2 Fälle in Deutschland gestoßen, bei denen Menschen für Tiertötung in eine Haftanstalt mussten: Ein Mann musste für 7 Monate einsitzen, weil er eine Katze aus dem 3. Stock aus dem Fenster warf und die Katze zu Tode kam. In einem weiteren Fall wurde eine junge Frau zu zwei Jahren und vier Monaten Haftstrafe verurteilt, weil sie ein Pony erst getötet und anschließend zerstückelt hatte. Bei der Umsetzung des Tierschutzgesetzes werden in der Regel Geld- oder Bewährungsstrafen verhängt.

Hier einige Beispiele, die ich bei meiner Internetrecherche fand:

- Ein Paar tötete zur Luststeigerung beim Liebesspiel regelmäßig Kleintiere (Hamster, Meerschweinchen, Mäuse etc.), und nahm dies auf Video auf. Beide wurden zu 1 Jahr Haftstrafe auf Bewährung und jeweils zu einer Geldstrafe von 1500€ verurteilt (Siehe www.kostenlose-urteile.de)

Auf www.greifvogelverfolgung.de fand ich folgende Fälle:

- Weil er im Dezember 2010 einen Habicht gefangen und später getötet hat (vgl. Hirschfeld 2011), ist ein Hühnerhalter aus Bornheim(Rhein-Sieg-Kreis) am 5.7.2013 vom Amtsgericht Bonn wegen Verstoß gegen das Bundesnaturschutzgesetz (BNatSchG; Fangen einer streng geschützten Vogelart) in Tateinheit mit Verstoß gegen das Tierschutzgesetz (Töten eines Wirbeltieres ohne vernünftigen Grund) zu einer Geldstrafe von 90 Tagessätzen zu je 20 € (1.800 €) und zur Zahlung der Verfahrenskosten verurteilt worden. *(Aktenzeichen 76Ds-300 Js 1/11- 450/12, rechtskräftig)*

- Um seine Tauben vor dem Habicht zu schützen, stellte ein Geflügelhalter aus Dortmund-Barop (Stadt Dortmund) im Februar 2012 einen Habichtfangkorb und ein großes Tellereisen neben seinen Taubenkäfigen auf. Mindestens ein

Greifvogel wurde damit gefangen und getötet. Obwohl die Beweislage eindeutig war, stellte die Staatsanwaltschaft Dortmund das Verfahren gegen den Mann gemäß § 153a Abs. 1 StPO gegen Zahlung von 100 € ein. *(Aktenzeichen 164 Js 46/12)*

- Wegen der Vergiftung von drei Bussarden und eines Rotmilans sowie des Abschusses eines weiteren Greifvogels wurde gegen einen Taubenzüchter aus Minden ein Strafbefehl in Höhe von 2.700 Euro (90 Tagessätze á 30 Euro) verhängt. *(AG Minden, Geschäftsnummer 5 Cs-16 Js 187/08-625/08, rechtskräftig)*

- Wegen Tierquälerei und Verstoß gegen das Bundesnaturschutzgesetz wurde ein Jagdpächter aus dem Kreis Düren am 3. September 2009 zu einer Geldstrafe von 2.400 Euro (80 Tagessätze à 30 Euro) verurteilt. Nach Auffassung des Gerichtes hat der Mann in einem Fall einen Bussard nachweislich vergiftet sowie Greifvögeln mit einem Habichtfangkorb nachgestellt. *(LG Aachen, Geschäftsnummer, 43 Ds-603 Js 112/07 – 207/08, rechtskräftig)*

Das ist erstaunlich. Für den formal gleichen Akt der Tötung verhängt der Gesetzgeber zwei verschiedene Grade der Bestrafung je nachdem, ob die Tötung an einem Menschen oder Tier begangen wurde: Wenn Sie den *Hund* ihres Nachbarn erschießen, erhalten Sie eine Geld- oder Bewährungsstrafe. Wenn Sie aber den *Nachbarn* erschießen, werden Sie mit einer langjährigen Gefängnisstrafe belegt. Warum sehen die Konsequenzen so unterschiedlich aus? Warum wird hier von der Rechtsprechung mit zweierlei Maß gemessen? Noch einmal zurück zu unserem Beispiel mit dem Kopfschuss: Von außen betrachtet passiert dasselbe: Erst hält der Täter dem Schwein die Pistole an den Kopf und drückt ab. Es knallt, Blut spritzt und das Schwein fällt tot um. Dann hält der Täter dem Menschen die Pistole an den Kopf und drückt ab. Es knallt, Blut spritzt und der Mensch fällt tot um. Was führt also zu dieser völlig unterschiedlichen Beurteilung der gleichen Handlung? An der Härte der Bestrafung kann man die Bewertung des Tötungsakts erkennen: Der Verlust des Menschen wird von der Gesellschaft schwerwiegender bewertet (deshalb ist die Sanktion härter) als der Verlust des Tieres (deshalb ist die Sanktion geringer). Im Umkehrschluss bedeutet das: **Das Leben eines Menschen ist mehr wert als das eines Tieres.**

So denken auch die meisten: „Es ist nur ein Tier." Aber warum betrachten wir die Tiere als weniger wertvoll? Woher kommt das eigentlich? Viele leiten den Mehrwert der menschlichen Spezies davon ab, dass sie deutlich intelligenter als die der Tiere ist. Die gleiche Argumentation wird auch für die Unfähigkeit der Tiere zum rationalen Denken angewendet: Da Tiere nicht vernunftbasiert denken können, gelten sie als dem Menschen unterlegen. Abgesehen davon, dass die Intelligenz der Tiere unterschätzt wurde (das beweisen neueste Forschungen), spielt sie keine Rolle dabei, wie *wertvoll* ein Geschöpf ist. Niemand käme auf die Idee zu sagen, Erwachsene seien mehr wert als Kinder, weil sie klüger und intelligenter sind. Oder geistig behinderte Menschen hält man für gleichwertig, obwohl sie mentale Defizite gegenüber gesunden Menschen besitzen. Aber bei Tieren tut man das: Man leitet den Minder-Wert von einer intellektuellen Andersartigkeit ab, während man bei der eigenen Spezies, unterschiedliche Intelligenzen nicht mit Minderwertigkeit gleichsetzt. **Die geringere Intelligenz und die Unfähigkeit der Tiere zur Ratio ist nur Teil in einer Kette von Argumenten, die darauf abzielen, aufgrund einer Andersartigkeit eine Minderwertigkeit der Tiere abzuleiten.** Dazu wurden im Laufe der Geschichte u. a. folgende Faktoren aufgezählt:

- Aussehen
- Sprache
- Verhalten
- Kultur (Schrift, Kunst, Kleidung)
- Unfähigkeit zur Empathie
- Unfähigkeit zum Lachen
- Unfähigkeit zum rationalen Denken
- Glaube (Dominium terrae)

Diese Argumente sind in vielen Punkten richtig. Tiere sind anders wie Menschen. Die Punkte erklären, worin sie das sind. Aber sagt dies etwas darüber aus, dass Menschen wertvoller sind als Tiere? Die menschliche Spezies tut Dinge anders und manchmal auch besser wie Tiere[10]. Ja, und? Gibt Menschen dieser Sachverhalt das Recht, Tiere zu töten oder zu quälen. Nur weil Tiere anders sind, sind sie weniger wertvoll? Menschen begehen seit jeher den gleichen Fehler: Sie verwechseln Andersartigkeit mit Minderwertigkeit.

Diese Argumente der Andersartigkeit führen dazu, dass die Menschen, Tiere als nicht zugehörig zu ihrer eigenen Art ansehen. Menschen tendieren dazu, das Wohl der Angehörigen der eigenen Art, über das Wohl derer zu stellen, die nicht ihrer Spezies angehören. Soziale Gemeinschaften definieren sich oft über Gemeinsamkeiten. Der Zusammenhalt innerhalb einer Gemeinschaft ist umso stärker, je mehr man sich von anderen abgrenzt bzw. je mehr an die Überlegenheit der eigenen Spezies geglaubt wird. Dies wird *Speziesismus* genannt.

Die Einheit gibt den Individuen der Art physische/psychische Stärke, Sicherheit, Gemeinschaft und menschliche Nähe. Das verschafft Mitgliedern der Gemeinschaft ein angenehmes Lebensgefühl. Leider hat die Abgrenzung oft einen hohen Preis.

---

[10] Umgekehrt machen Tiere ebenfalls Dinge besser wie Menschen. Affen sind unserer Spezies beim Klettern auf Bäume überlegen.

Möge sich die Menschheit als *eine* Gemeinschaft gegenüber den Tieren sehen. Innerhalb der eigenen Spezies herrscht diese Einigkeit bei Weitem nicht. Der Kampf menschlicher Völker und Nationen untereinander hat zu unermesslichem Leid geführt. Wie viele Kriege, Folterungen, Pogrome und ethnische Säuberungen hat der Mensch schon durchgeführt gegen Menschen, die nicht so waren wie er selbst. Das ist der alte Fehler des Menschen: Andersartigkeit ist gleich Minderwertigkeit. Völker und Nationen besiegten mit physischer Gewalt andere Völker und Nationen. Die Gewinner sehen sich als das Volk mit dem höheren Wert an. Und warum tun sie das? Sie tun es, weil sie es können.

Damit sind wir bei dem zweiten Hauptgrund angekommen, warum Menschen sich für wertvoller als Tiere halten. Die menschliche Spezies tut es, weil sie es kann. Sie tut es, weil sie stärker ist. Sie tut es, weil sie die Macht hat! Menschen sind den Tieren geistig überlegen und beherrschen sie. Durch die Weiterentwicklung der Waffentechnik hat das Tier keine Chance gegen menschliche Gewalt. Menschen sind als Sieger aus dem evolutionären Anpassungsprozess hervorgegangen. Die physische Herrschaft über die Tiere hat die menschliche Spezies denken lassen, sie sei etwas Besseres als die tierische Spezies.

Aber gibt es wirklich objektive Kriterien jenseits anthropozentrischer Vorstellungen, warum ein fühlendes und soziales Lebewesen wie ein Tier, weniger wert sein sollte als der

Mensch? **Die menschliche Spezies diskriminiert alle Tiere, weil sie anders sind und weil der Mensch sie beherrscht.** Dies sind primitive Argumente. Sie sind subjektiv und dumm. Sie drücken die Arroganz und Borniertheit des Stärkeren aus. Die Argumentation ist willkürlich, entbehrt jeglicher Logik und ethischen Moralvorstellungen, entsprungen aus einer überheblichen Siegermentalität.

**Aus einer neutralen, objektiven Sicht konnte ich keinen vernünftigen Grund finden, warum ein Tier weniger wert als ein Mensch sein sollte. Tiere sind genauso viel wert wie die Menschen.**

# Kapitel 2 Massenmord: Der Genozid an den Tieren

Ich konnte im letzten Kapitel zeigen, dass Tiere sich in ihrem Wert von Menschen nicht unterscheiden. Deshalb muss man bei Tierquälerei und der Tötung der Tiere die gleichen Wertmaßstäbe anlegen wie bei Folter und Ermordung von Menschen. Und weil das so ist, ist die weltweite Tötung von jährlich 74 Milliarden Landtieren und ca. 17 Milliarden Meerestieren

Massenmord. Die Opfer sind fühlende und denkende Lebewesen. Sie empfinden Schmerz, Angst und Trauer wie Menschen.[11] Schließen Sie kurz die Augen: Stellen Sie sich nun vor, die Grauen der Massentierhaltung würden Menschen angetan werden. Das Töten, das Quälen und das Entseelen. Das, was Sie jetzt fühlen, wird Tieren täglich zu Milliarden angetan. Der Mensch begeht durch sein systematisches Quälen und Ermorden von Tieren den weltweit größten Genozid, der jemals stattfand! In seiner Grausamkeit und Ausweitung übertrifft es den Holocaust der Juden.

Wie können Menschen nur so grausam sein? Immer wenn wir denken: Ein schlimmeres Unrecht können Mensch nicht begehen, belehren sie uns eines Besseren. Fühlende, intelligente Wesen wie leblose Industriegüter zu behandeln, ist ein Verbrechen an allen Tieren. Dies ist Genozid! Das Verhalten der menschlichen Spezies ist falsch, es ist unethisch und grausam. Tiere teilen sich den Planeten mit uns. Sie sind nicht unser Eigentum, sondern gleichwertige Partner. Wie schafft man es nun, dass Menschen ihre Einstellung zu den Tieren ändern? Die Voraussetzung, dass Menschen Tiere als gleichwertige Lebewesen betrachten, ist das Anerkennen, dass Tiere eine Würde be-

---

[11] Ob Sie diese Gefühle *exakt* wie Menschen empfinden, ist schwer zu beantworten. Aber dass sie Emotionen haben, die menschlichen Gefühlen ähneln, halte ich für sicher.

sitzen. Solange dies nicht geschieht, wird der Mensch weiterhin Tiere für seine Zwecke missbrauchen. In Anlehnung an den Begriff der Menschenwürde fordere ich, dass Tiere eine Tierwürde besitzen. Der Mensch muss dies endlich anerkennen.

*„Je würdiger ein Volk ist, um so edler verhält es sich gegen Schwächere, ritterlicher gegen Frauen, barmherziger gegen Tiere."*

William Hickling Prescott (1796 - 1859), amerikanischer Historiker

# Kapitel 3 Die Würde der Tiere

Im deutschen Grundgesetz werden Natur und Tiere geschützt: „Der Staat schützt (...) die natürlichen Lebensgrundlagen und die Tiere im Rahmen der verfassungsmäßigen Ordnung durch die Gesetzgebung und nach Maßgabe von Gesetz und Recht durch die vollziehende Gewalt und die Rechtsprechung." (Grundgesetz für die Bundesrepublik Deutschland, Art 20a). Aber in Artikel 1 steht: Die Würde des Menschen ist unantastbar. Von der Würde des Tieres wird hier nichts geschrieben. Die Tiere sollen also geschützt werden, aber man spricht Ihnen keine eigene Würde zu. Dies ist von immenser Bedeutung für die praktische Umsetzung des Tierschutzes und des Tierwohls. Der Staat schützt das Tier vor der Tötung.

Aber nur dann, wenn es sich nicht um ein Tier handelt, welches zur Schlachtung oder zum Abschuss vorgesehen ist. Denn das deutsche Tierschutz-Gesetz regelt absurderweise gleichzeitig die Tötung/Schlachtung von 750 Millionen Tieren pro Jahr. Hier von Tier-*Schutz* zu sprechen erscheint absurd. Das bedeutet: Ein Tier muss bestimmte Voraussetzungen erfüllen, damit es für den Staat notwendig erscheint, das Leben des Tieres zu schützen. Es handelt sich meines Erachtens deshalb nicht um ein Grundrecht a priori.

Hätte man aber in Artikel 1 des Grundgesetzes auch davon gesprochen, dass die Würde des Tieres ebenfalls unantastbar ist, müsste man ausnahmslos **allen** Tieren das Recht auf Unversehrtheit zugestehen. Ansonsten wäre es ein Verfassungsbruch auch nur **ein** Tier zu schlachten, zu quälen oder als Labortier einzusetzen. Dann wäre es verfassungswidrig, Tiere genetisch zu designen, sie ihr Leben lang einzusperren, Ihnen Schmerz und Leid der Massentierhaltung anzutun. Dass die Würde der Tiere nicht geschützt wird, hat weitreichende Folgen für den Umgang mit ihnen. Es zeigt sich, dass *der Mensch* festlegt, welches Tier ein Recht hat und welches *nicht*. Nicht *alle* Tiere haben also ein Grundrecht auf Unversehrtheit, sondern nur *gewisse*. Es erscheint mir bereits jetzt verfassungswidrig (dies sollte von Juristen geprüft werden), dass man auf der einen Seite den Tierschutz als Staatsziel ausgibt und zur selben Zeit erlaubt, jährlich fast 1 Milliarde Tiere (unter größtem Leiden) n Deutschland zu töten. Das Tierschutzgesetz regelt immerhin, wie Tiere möglichst „human" sterben und dass nur gewisse Personen dazu berechtigt sind. Aber nirgendwo steht, warum man Tiere *überhaupt* tötet, oder wer uns das Recht dazu gibt. Dass man sie tötet, scheint selbstverständlich zu sein. Warum das so ist, erklärt das Gesetz **nicht**. Dass man Tiere *selbstverständlich* schlachten darf, wird automatisch vorausgesetzt. Diese Selbstverständlichkeit zu morden erklärt auch, warum man in Deutschland den Tieren keine Würde zugesteht. Die Menschen kommen erst gar nicht darauf, weil es unsinnig erscheint, jemanden eine unantastbare Würde zuzugestehen, wenn der Staat ihn ohne strafrechtliche Konsequenz jederzeit umbringen kann.

Die oben beschriebene Praxis, Tiere selbstverständlich töten zu können, zeigt, dass wir keinen **Respekt** vor der Würde des Tieres haben. Hätten wir welchen, würden wir sie nicht für unsere Zwecke umbringen. Ich gehe noch weiter und sage: Wir gestehen den Tieren erst **überhaupt keine Würde** zu! Da wir den Tieren diese nicht zugestehen, gibt es nichts, was wir anzuerkennen hätten. Warum soll man etwas respektieren, was nicht existiert?

Die Frage, ob der Mensch, Tieren eine Würde zugestehen soll, ist falsch gestellt. Aber sie entlarvt den Menschen und zeigt seine Haltung. Er scheint davon auszugehen, dass es Entitäten gibt, die Würde haben und welche, die keine haben.

Ich mache diese Unterscheidung nicht. Diese Annahme ist falsch. Alle Entitäten, alles was ist, hat eine Würde. Die Frage muss nicht heißen, *ob* wir den Tieren eine Würde zugestehen.

Sie muss lauten, warum wir den Tieren ihre Würde *nicht* zugestehen.

Für mich bedeutet Würde, dass **jedes** Lebewesen unveräußerliche Grundrechte besitzt – a priori! Es muss keine Leistung dafür erbringen, dass es diese Grundrechte erhält. Diese Grundrechte sind unveräußerlich, sie gelten immer und sind nicht von Voraussetzungen oder definierten Lebensumständen abhängig. **Ein Lebewesen hat eine Würde, weil es da ist! Alle Tiere haben deshalb unveräußerliche Grundrechte**.

Es ist aus meiner ethischen Sicht nicht möglich, manche Tiere zu schützen und manche nicht, je nachdem wie es den Menschen gerade passt oder ihnen nützlich ist. Ethik ist universell, unabhängig von Zeit und Ort.

**Aus dem bereits Gesagten folgt:**
- ✓ Tier und Mensch sind gleichwertig
- ✓ Tiere besitzen eine Würde
- ✓ Tiere besitzen Grundrechte

Der Tierethiker Peter Singer gesteht zwar Tieren Rechte zu – aber auch nicht allen. Er definiert, welche Tierarten Legitimation haben und welche nicht. Tiere, die Schmerzen empfinden, haben Rechte. Je mehr Schmerzempfinden vorhanden ist genauer gesagt je differenzierter das Nervensystem, desto mehr Rechte haben Tiere. In der Regel spricht Singer *Wirbeltieren*

Rechte zu. Innerhalb der schmerzempfindenden Wirbeltiere bildet er jedoch auch noch einmal Hierarchien: Je mehr sich das Tier seiner bewusst ist, umso wertvoller ist es. Wenn man zwischen dem Wohl eines Primaten oder einer Eidechse wählen müsste, würde das Wohl des Primaten deutlich schwerer wiegen.

Ich finde dieser Unterscheidung nicht richtig. Im Prinzip hat Singer nur die Grenzziehung des Menschen nach hinten verschoben. Er erweitert zwar das Spektrum von Lebewesen mit Rechten, aber so wie der Mensch früher ausschließlich (gewissen) Menschen aufgrund gewisser Merkmale Rechte zusprach, spricht Singer jetzt wiederum ausschließlich gewissen Tieren Rechte zu. Er hat zwar unser aller Denken bzgl. Rechten von Tieren revolutioniert. Trotzdem tut er dies immer noch zu sehr aus anthropozentrischer Sicht, indem er Kategorien und Hierarchien setzt. Dies führt am Ende in die gleiche Sackgasse wie das exklusive Vergeben von Rechten an Menschen.

So wie der Mensch früher (und auch heute noch) gewisse Menschengruppen aufgrund ethnischer, kultureller, moralischer, geschlechtlicher, genetischer, körperlicher oder religiöser Kategorien für minderwertiger als andere hält, tut dies Singer innerhalb der tierischen Spezies. Nicht jedes Tier verdient (die gleichen) Rechte. Tiere mit gewissen physiologischen Voraussetzungen werden bevorzugt behandelt. In westlichen Gesellschaften hat an beispielsweise erkannt, dass die historische

Diskriminierung von Frauen und Schwarzen auf patriarchalischen bzw. rassistischen Vorurteilen beruhte. Dementsprechend haben heutzutage Frauen und Schwarzen in der abendländischen Welt die gleichen Rechte. Aber damals waren die westlichen Staaten absolut davon überzeugt, dass es richtig, logisch und natürlich sei, Frauen und Schwarzen weniger Rechte zuzustehen. Und bald wird man auch erkennen, dass **alle** (und nicht nur gewisse) Tiere und Menschen gleichwertig sind. Deshalb ist Singers Ansatz in meinen Augen eine Sackgasse. Ich stelle die Tiere auf die gleiche Stufe wie den Menschen, gebe ihnen die gleiche Würde. Ich gehe den ersten Schritt. Aber warum da aufhören? Wer sagt, dass nicht auch Pflanzen, Ökosysteme oder sogar Berge den gleichen Wert und Würde wie Menschen haben? So wie menschlicher Fortschritt und Erkenntnis die Diskriminierung von Frauen und Schwarzen beendet haben, weil man erkannt hatte, dass diese Diskriminierung auf Basis falscher Tatsachen entstand, prophezeie ich, dass eines Tages die Diskriminierung der belebten und unbelebten Natur beendet wird.

Ich behaupte, würden der Menschheit alle denkbar möglichen wissenschaftlichen Fakten und Erkenntnisse vorliegen, würde die Gleichwertigkeit des Menschen mit der kompletten Natur logisch folgen. Besäße der *Homo sapiens* auch nur einen Moment lang Omnipotenz, sähe er die verflochtene Einheit von Mensch und Natur. Alles andere als eine Gleichwertigkeit wäre unwissenschaftlich, abgeleitet von zeitgenössischen Erkenntnissen und mithin anachronistisch. Tiere, Pflanzen, Menschen und letztlich die ganze Welt haben eine Würde und sind gleich viel Wert. Auf dieser partnerschaftlichen Basis sollte der Mensch eine technologische Ökokratie erschaffen, in der menschlicher Fortschritt und die Interessen von Tier und Natur Hand in Hand gehen. Heutzutage gehen menschliche Technologie und Fortschritte zumeist auf Kosten der Tiere und der Natur. An Tieren wird experimentiert, Milliarden von ihnen werden getötet, die Natur wird vergiftet und zerstört.

**Deshalb erweitere ich meine Postulate:**

1. **Alles was ist**, ist gleichwertig und besitzt eine Würde
2. **Alle Tiere** und deren Ökosysteme haben (die gleichen) Rechte **und** besitzen eine Würde
3. **Alle Pflanzen** und deren Ökosysteme haben (die gleichen) Rechte **und** besitzen eine Würde
4. **Die komplette unbelebte Natur** wie zum Beispiel Mineralien, Berge, Meere und deren Ökosysteme haben (die gleichen) Rechte **und** besitzen eine Würde.

# Kapitel 3 Kosmologie der Würde

Wie begründe ich, dass das ganze Universum (Alles-Was-Ist) eine Würde hat? Wenn ich mir die Unermesslichkeit des Weltalls vorstelle, die Schönheit der Natur betrachte oder mir die Einmaligkeit jedes einzelnen Menschen ins Bewusstsein rufe, entsteht in mir ein goldenes Empfinden. Mein Herz sagt mir, dass dies alles einem Wunder gleichkommt, das mehr ist als ich allein. Und natürlich hat all dies da draußen eine inhärente Schönheit, einen inneren Kern, der Allem-Was-Ist innewohnt. Bei aller Komplexität eint das Universum ein gemeinsamer Nenner: Würde. Würde ist die Gravitation der Lebewesen. Sie durchdringt sie und verbindet alles, so wie die Gravitationskraft den ganzen Kosmos durchströmt und ihn zusammenhält. Ohne Gravitation gäbe es keine Existenz im Universum - und ohne Würde auch nicht.

Die Kraft der Würde sorgt dafür, dass alle Teile des Daseins sich vereinen, dass sie die Fähigkeit erhalten, in Interaktion zu treten. Gravitation durchdringt die Raum-Zeit und ist in der Lage zwischen Dimensionen zu vermitteln. Genau das macht auch die Würde: Sie vermittelt undverbindet individuelle Entitäten in allen Dimensionen. Sie vereint uns. Diese Einheit kosmischen Seins in der Raum Zeit lässt sich auch stofflich erklären. Die Materie, die beim Urknall entstand, ist der Baustoff für sämtliche Planeten, Sterne und Galaxien. Diese wiederum brachten Lebewesen wie uns Menschen, Tiere und Pflanzen hervor. Deshalb sind wir alle eins, entstanden aus dem Urstaub des Universums. Es gab zwar unendlich viele Transformationen und Entwicklungen seit dem Urknall. Aber dies sind Ableitungen vom Selben. Denn nach dem Energie-Erhaltung Satz, wird Energie in seiner Bilanz nie mehr oder weniger. Wir entstammen derselben Energiesumme des Kosmos, wie alle anderen Teile in ihm auch. Würde gab es vor Raum und Zeit. Sie existierte vor dem Urknall und dehnte sich mit dem Urknall in die Raum-Zeit hinein. Da Würde die Voraussetzung unserer raumzeitlichen Existenz selbst ist, sind Diskussionen darüber, ob etwas eine Würde hat oder nicht, völlig sinnlos. Wenn Alles-Was-Ist von Würde durchdrungen ist, warum geschehen dann trotzdem so viele Verbrechen? Die Würde umgibt und durchdringt uns, aber wir nehmen sie nur wahr, wenn wir uns auf sie konzentrieren. Der Begriff der Würde ist eng verwandt mit der Idee der Liebe. Die Liebe ist das grundsätzlich wohlwollende Interesse am anderen. Liebe bedeutet, das Beste für den anderen zu wollen. Die Würde in allen Dingen kann ich nur spüren und sehen, indem ich mich auf das Einzigartige und Schöne im anderen konzentriere. Das können Menschen und Tiere sein, aber auch Steine, Planeten, Atome oder Handtücher.[12] Wenn

---

[12] Ja, auch Handtücher haben eine Würde, so absurd das klingen mag

ich mich wohlwollend auf etwas fokussiere, spüre ich die Würde in jeder Entität. Je nach unserer psychologischen Struktur gelingt dies unmittelbar oder durch Übung. Die Würde in allem zu spüren ist trainierbar. Probieren Sie es aus. Schließen Sie die Augen und konzentrieren sie sich wohlwollend, auf was sie wollen. Fangen Sie mit einfachen Dingen/Lebewesen an und steigern Ihre Fähigkeit zu immer Abstrakteren. Beginnen Sie mit Menschen aus ihrer Familie, ihren Haustieren und Freunden. Versuchen Sie, das Wunderbare und Einzigartige in Ihnen zu sehen. Erspüren Sie es. Im nächsten Schritt machen Sie das Gleiche mit Ihren Nachbarn, Arbeitskollegen und Bekannten. Dann versuchen Sie es mit Blumen, Pflanzen, Bergen und Wäldern. Und zum Schluss: Mit Handtüchern.

# Kapitel 4 Praxis der Tier- und Naturethik: Die technologische Ökokratie

Alles-was-ist hat eine Würde. Wie ist das aber in die Praxis umzusetzen, bei allen Entscheidungen, die Rechte der ganzen Welt zu berücksichtigen? Wenn der Mensch zum Beispiel einen neuen Tunnel durch die Schweizer Alpen bohren will, weil das Verkehrsaufkommen zu groß geworden ist, würden bei diesem Vorhaben Pflanzen, Ameisen und der Berg zerstört und im anderen Fall verletzt werden. Welches Wohl wiegt schwerer? Das Glück des Menschen oder das Gedeihen der Natur? Da in meiner Ethik alles den gleichen Wert hat, steckt man auf den ersten Blick in einem unlösbaren Dilemma.

Baue ich den Tunnel, stelle ich das menschliche Wohl über das der Natur, baue ich ihn nicht, erhebe ich das Wohl von Fauna und Flora über das der menschlichen Spezies. Die Lösung ist einfacher als man denkt. Es geht erst einmal darum, das Bedürfnis aller grundsätzlich zu **respektieren.** Bei einer Entscheidung sollte man die Konsequenz für Mensch *und* Natur im Kopf haben – gleichrangig und gleichwertig. Es sollte den Tunnelbauern klar sein, dass sie durch das Bauwerk Leben im Naturreich zerstören. Da sollte man sich fragen, ob der Tunnel unbedingt gebaut werden muss. Wenn die Antwort darauf „Ja" ist, muss ein Ausgleich für Mutter Natur an anderer Stelle gegeben werden, der den entstandenen Schaden gleichwertig ersetzt. So wären die Tunnelbetreiber beispielsweise verpflichtet, Geld für Projekte zur Verfügung zu stellen, die die Natur regenerieren wie z. B. das Aufforsten des Regenwalds. Die Erde ist ganzheitlich, das Leben ist ganzheitlich. Wenn ein Teil an einem Ort genommen wird, muss es an anderer Stelle zurückgegeben werden. Dann gleicht sich ein Schaden aus. Es ist unmöglich, es allen mit *einer* Entscheidung recht zu machen. Entscheid X ist gut für A aber nicht für B. Eine Entscheidung trennt immer. Aber es ist stets möglich, mit einer *zweiten* Entscheidung dies gleichwertig zu kompensieren. Wenn der Mensch beherzigt, dass die Natur ein gleichberechtigter Partner ist, kann er gleichzeitig den Fortschritt fördern *und* das Naturreich schützen.

Es gibt sehr viele Bereiche, in denen der Fortschritt vollständig auf Kosten der Natur geht: Als Beispiel seien hier **Tierexperimente** erwähnt. Es werden überwiegend Versuche an Mäusen und Ratten durchgeführt. Diese Experimente verursachen bei den Tieren unermessliches physisches und psychisches Leid. Dies ist aus ethischer Sicht offensichtlich verwerflich. Oft wird jedoch argumentiert, dass durch Experimente im Bereich der Medizin, neue Therapien oder Medikamente entstehen. Diese könnten dann Millionen Menschen und auch Tieren helfen.

Diese Argumentation ist auf den ersten Blicken verlockend: Einige wenige Tiere müssen leiden, sodass sehr vielen Lebewesen zukünftig geholfen werden kann oder deren Leid endet. Aber überlegen Sie: Würde man bereit sein für ein Heilmittel gegen Krebs, an Menschen gegen ihren Willen Experimente durchzuführen? Natürlich nicht, denn das würde gegen die menschliche Würde verstoßen! Es wäre ein Verbrechen auch nur **einen einzigen** Menschen zu opfern. Da die Tiere aber über die gleichen Grundrechte wie Menschen verfügen, folgt daraus logisch, **dass wissenschaftliche Experimente mit Tierversuchen unethisch sind, weil sie die Würde der Tiere verletzen.**

Es müssen Alternativen gefunden werden, wie Wissenschaft ohne Tierexperimente möglich ist. Viele Forscher sagen, dass medizinische Forschung nicht ohne Versuche an Lebewesen möglich sei. Da kann ich nur sagen: Dann ist das eben so. Experimente an Tieren sind nicht diskutabel, diese stellen ein Verbrechen gegen die Schöpfung dar. Gleichgültig wie hoch der Gewinn auch sei, Tierexperimente müssen mit sofortiger Wirkung beendet werden. Tierversuche sind genauso schändlich wie die Versuche an Menschen in Auschwitz, die von dem Kriegsverbrecher Dr. Mengele durchgeführt wurden. Wie könnte zukünftige Forschung ohne Tierversuche aussehen? In Deutschland ersetzen zum Beispiel in manchen Medizinbereichen  Computersimulationen,  dreidimensional  wachsenden

Zellkulturen und bildgebende Verfahren (wie z. B. Kernspintomografie oder Ultraschall) viele Tierversuche. Tierexperimente in der Medizin haben immer die Problematik, ob die Erkenntnisse, die am Tier gewonnen wurden, auf die menschliche Art übertragbar sind. Die genannten alternativen Versuchsmodelle Verfahren sind in diesem Punkt sogar effektiver:

„Die Modelle schließen Fehleinschätzungen infolge von Unterschieden zwischen Mensch und der Tierart aus, die für den Versuch eingesetzt wird." (Monika Schäfer-Korting, Interview mit dem Bundesministerium für Bildung und Forschung 2016. Erschienen auf der Homepage www.bmbf.de).

## Grundsätze der technologischen Ökokratie

Maßgebend soll technischer, chemischer und medizinischer Fortschritt der Natur und deren Würde nicht schaden. Unteres Schema ist dazu da, Interessenskonflikte auf faire Art zu lösen. Dabei gilt ein ausgewogenes Miteinander. **Bei allen Entscheidungen dürfen Tiere weder gequält, getötet oder für Experimente benutzt werden, noch dem Reich der Natur irreparabler Schaden zugefügt werden.**

Wenn im Interessenskonflikt von Natur und Fortschritt, ein Schaden nicht zu vermeiden ist (wobei die Würde des anderen

**niemals** außer Acht gelassen werden und verletzt werden darf) dann gilt:

1. Die UNO[13] stellt den entstandenen Umfang der Beeinträchtigung fest oder kalkuliert ihn vorab.

2. Der Umfang richtet sich nach geschädigter Fläche, zu Schaden gekommenen Entitäten und Zerstörungsgrad. Die UNO tut dies mit Hilfe eines (noch zu entwickelnden) Schadenskatalog

3. Der finanzielle Schaden für die Natur wird durch die UNO beziffert und festgesetzt.

4. Der Betrag wird an die UNO bezahlt. Die UNO legt fest, bei welchen naturfördernden Projekten sie das Geld anlegt. Die UNO veröffentlicht die Namen der Projekte.

5. Um Interessenkonflikte zu vermeiden, haben die dauerhaften Mitglieder des Weltsicherheitsrates kein Vetorecht

Dieses Schema ist natürlich expliziter auszuformulieren. Mein Text ist ein erster Entwurf. Er soll die Richtung anzeigen, nach welchen Richtlinien die Technologische Ökokratie ablaufen soll. Eine politische Umsetzung kann er nicht leisten. Dies bleibt den Völkern der Erde überlassen.

---

[13] Es können bei regionalen Interessenskonflikten auch Länderinstitutionen geschaffen und herangezogen werden

# Kapitel 5 Ist es ethisch vertretbar, Fleisch zu essen?

Aus dem bisher gesagten möchten die Leser erwarten, dass ich mich gegen *jeglichen* Fleischkonsum ausspreche. Aber diesem Standpunkt, dem *völligen* Verzicht auf Fleisch, möchte ich mich aus verschiedenen Gründen nicht anschließen. Zum einen gibt es geografische Regionen auf der Erde, auf der kein Ackerbau möglich ist. Dem Volk der Eskimo ist es nicht möglich ohne die Jagd zu überleben. Ein Ackerbau oder eine Form pflanzlicher Aufzucht ist aufgrund gefrorener Böden, Eis und niedriger Außentemperaturen nicht vorstellbar. Die einzige Aussicht für Eskimos ihre Kinder und Familien zu ernähren besteht darin, Tiere zu töten und dessen Fleisch zu essen. Eine andere Möglichkeit, am Leben zu bleiben, gibt es für sie nicht. Das Volk der Eskimos wäre schon lange ausgestorben, wären sie Vegetarier gewesen. In den Hochgebirgsregionen von Anden und Himalaja leben Menschen bis auf über 5000 Meter Höhe. In diesen Höhenregionen ist es nur in geringem Maße möglich, Ackerbau zu betreiben. Auch andere Pflanzungen gedeihen schwerlich. Die Geländetopografie im Gebirge bietet kaum geeignete Ackerflächen. Die Täler sind schmal, sodass ebenes Land selten ist. Die Ackerflächen sind dementsprechend klein. Die geringere

Sauerstoffmenge in der Luft, die kargen, trockenen Böden verhindern darüber hinaus größere Erträge. Die ansässigen Bauern müssen deshalb Viehzucht betreiben. Es gibt in den Hochtälern des Himalajas spezielle Rinderarten wie das Jak, das in dieser Höhe leben kann. Die Bauern züchten Ziegen und Yaks, trinken ihre Milch, essen ihr Fleisch und nutzen das Yak-Fell als Kleidung. Der Ackerbau würde bei weitem nicht ausreichen, um die Menschen dort ausreichend zu ernähren. Um zu überleben, müssen diese Völker das Fleisch von Tieren essen. Eine vegetarische oder rein vegane Kost würde bei diesen Völkern zu Unterernährung und dem sicheren Tod führen. Gleiches gilt für Bewohner der Hoch-Anden: Die geografischen und topologischen Strukturen lassen nur einen begrenzten Ackerbau zu und die Ernten fallen karg aus. Die Menschen betreiben Zucht von Ziegen und Lamas. Sie können in dieser Höhe nur überleben, wenn sie ausreichend Fleisch zu sich nehmen.

Der Veganismus ist eine aktuelle Forderung aus der westlichen Welt.[14] Wir leben in einer Überflussgesellschaft und haben die *Wahl*, wie wir uns ernähren. Aber sehr viele Menschen können sich nicht aussuchen, was sie essen. Sie haben nicht die Auswahl wie Europäer und Nordamerikaner. In der Regel essen sie

---

[14] Die vegetarische Ernährung findet in Asien schon seit vielen Jahrhunderten durch den Buddhismus große Verbreitung. Im Janaismus findet vegetarische Ernährungslehre seine strengste Auslegung.

das, was da ist. Zehn Prozent weltweit aller Beschäftigten verdienen pro Tag weniger als 1,90 US$. Sie können sich (wenn überhaupt) nur die billigsten Nahrungsmittel leisten. Es ist der Luxus des Westens die Ernährungsform zu wählen, denn viele Menschen hungern: Im Jahre 2013 lebten weltweit 767 Millionen unter der Armutsgrenze. (Siehe den UNO Bericht 2017: Ziele für nachhaltige Entwicklung). Hier die Maxime aufzustellen, dass diese Menschen nur vegetarisch leben sollen, ist nicht ethisch. Sie können nicht wählen, Arme Menschen essen, was vorhanden ist. Der Zufall der Lebensumstände entscheidet, ob sie sich von Fleisch ernähren oder nicht.

## Selbstaufgabe oder Töten

Wenn Menschen nur überleben können, wenn Sie Tiere töten und essen, können sie zwei Dinge tun: Entweder sie sterben oder essen Fleisch.[15] Ich könnte sagen, dass ich kein anderes Lebewesen töten möchte und meinen Tod in Kauf nehme. Ich könnte den starken biologischen Drang in mir zu essen, zur Seite schieben. Ich opfere mein Leben, um keine unethische

---

[15] Theoretisch gäbe es die Möglichkeit, das Tier zu betäuben, einen Teil von ihm zu essen und es dann freizulassen. Aber diese gruselige Abart scheint mir zu weit hergeholt und bizarr. Deshalb schließe ich sie aus.

Handlung. Dies wäre theoretisch möglich. Die Geschichte zeigt jedoch, dass Menschen dazu nicht in der Lage sind. Wenn wir drohen zu verhungern, meldet sich der Selbsterhaltungstrieb vehement. Diese Kraft ist derart mächtig, dass hungrige Menschen mit allen Mitteln versuchen werden an Nahrung zu gelangen. Koste es, was es wolle. Menschen würden eher zu Kannibalen, als dass sie sich selbst opfern. Ich sage es einmal mit Brecht: „Erst kommt das Fressen, dann kommt die Moral".[16]

In Stalingrad während der deutschen Belagerung im Winter 1942/43 gab es eine unglaubliche Hungersnot: „Hunger und Delirium beseitigten bei Vielen alle Hemmungen. Um Lebensmittel wurde jetzt gekämpft, Halbverhungerte stahlen den Sterbenden die Brotmarken, für das Überleben wurde auf offener Straße gemordet... Über 2000 Fälle von Menschenfleischverzehr wurden behördenkundig, rund 500 der Menschenfresserei Beschuldigte exekutiert" (Quelle: http://www.spiegel.de/einestages/zweiter-weltkrieg-a-948137.html).

Während der späten 50er des letzten Jahrhunderts herrschte in China eine riesige Hungersnot. Dieser Katastrophe fielen 30-50 Millionen Menschen zum Opfer. Der Hunger war derart unerträglich, dass es zwischen 1958-62 zu Kannibalismus und Massenmord kam. „Der Hunger gegen Ende war entsetzlicher als der Tod selbst" und „Mäuse und Ratten, Baumwolle, alles

---

[16] Brecht, Weill: „Die Dreigroschenoper", Ballade *Ja wovon lebt der Mensch*, Berlin 1928

hat man sich in den Bauch gestopft. Wo man Guanyin-Erde, eine Art fetten Lehms, ausgegraben hat, hat man sie sich schon beim Graben in dicken Klumpen in den Mund geschoben. Die Leichen der Toten, Verhungernde von außerhalb, selbst eigene Verwandte hat man zu Lebensmitteln gemacht gemacht."[17]

Wie kann man heutzutage von Menschen in Armut verlangen vegan zu verhungern, wenn sie doch durch den Verzehr von verfügbaren Tierfleisch überleben? Diese Forderung wäre absurd. Das verletzt ihre Würde und niemand würde das ernsthaft fordern. In diesem Fall der Not ist es sehr wohl gerechtfertigt Fleisch zu essen. Die Antwort auf die Frage, ob man Fleisch essen soll oder nicht, möchte ich gerne universell beantworten. Die Frage, überhaupt kein Fleisch zu essen oder sich nur noch pflanzlich zu ernähren, stellt sich den meisten Menschen erst gar nicht. Da ich aber den Versuch unternehme, eine universelle Ethik für *alle* Menschen zu schaffen, bietet der Veganismus keine Antwort. **Zeitgenössische vegane Ethik ist keine globale Philosophie, sondern eine modern geprägte Ernährungsphilosophie des Westens.**

---

[17] Yang Jisheng,"Grabstein – Mùbei: Die große chinesische Hungerkatastrophe 1958–1962", 2012

## Die Menge macht das Gift

Von Befürwortern des Fleischverzehrs wird immer argumentiert, dass ja auch in der Natur, ein Tier das andere tötet. Das ist richtig. Aber trotzdem ist es auf den zweiten Blick nicht so einfach möglich, dies auf das Essverhalten von Menschen zu übertragen.

Der Löwe tötet ein Zebra aus folgenden (uns bekannten) Gründen: Er hat Hunger *und* er hat keine Alternativen zur Verfügung, um zu überleben (es ist müßig zu spekulieren, ob er vegetarisch leben könnte). Der Mensch in westlichen Kulturen tötet zwar *letztendlich* auch aus Hunger. Aber aufgrund der sozial-ökonomischen Situation hungert im Westen niemand wirklich, da das Nahrungsangebot mehr als reichhaltig ist. Es stellt sich nicht mehr die Frage, *ob* wir etwas zu essen bekommen. Über diesen Status sind wir hinaus. Wir können aussuchen, *was* wir zu essen bekommen. Wir wählen dann oft das, was uns gut schmeckt. Unsere Motivation zu essen ist der Genuss. Wir verzehren Fleisch, weil wir es *wollen*, nicht weil wir *müssen*. Menschen könnten auch mit vegetarischen Lebensmittel ihren Hunger und Appetit stillen. Der Löwe tötet einzig und allein aus Hunger. Wenn der Löwe das nicht tun würde, würde er sterben, denn er hat nichts anderes. Wenn wir Westler kein Fleisch verzehren, sterben wir nicht, wir essen einfach etwas anderes. Neben der reinen Nahrungsaufnahme gibt es aber in der menschlichen Welt finanzielle Motivationen. Fleisch ist eine Handelsware. Durch die Herstellung und den Vertrieb von Fleisch verdienen Menschen ihren Lebensunterhalt. Es werden also Tiere getötet, damit Kasse gemacht wird. Dies kommt in der Tierwelt nicht vor. Tiere verdienen kein Geld, wenn sie andere töten. Tiere sind keine unbelebten Handelswaren, es sind Geschöpfe mit Würde und Gefühlen. Der Handel mit Tieren und Fleisch führt zur Tötung von weltweit jährlich über 100 Milliarden Lebewesen. Der Löwe hingegen isst höchstens ein bis zwei Zebras die Woche. Er tötet viel, viel weniger als die Menschen. Die Frage nach dem größten und gefährlichsten Raubtier der Welt, sollte damit geklärt sein: Das ist der Mensch. So viele Tiere wie er hat noch keine einzige Spezies auf dem Planeten getötet und gegessen. Zusammenfassend sei also gesagt, dass Menschen in westlichen Kulturen, Tiere in Massen ohne Not und aus finanzieller Motivation heraus töten, während der Löwe aus Notwendigkeit heraus einige, wenige Tiere zum Überleben tötet!

Die Begründung, dass es ethisch gerechtfertigt ist, Fleisch zu essen, weil es Raubtiere tun, ist, wie wir gesehen haben, eine sehr oberflächliche und ungenaue Analogie.

# 5-Regel-Ethik

Die Antwort auf die Frage, ob es ethisch vertretbar ist, Fleisch zu essen, lässt sich in meinen Augen nicht mit einem eindeutigem „ja" oder „nein" beantworten. Ich beantworte die Frage folgendermaßen: „Nein, aber unter gewissen Umständen ja". Ich habe versucht, universelle ethische Leitlinien aufzustellen, ob und unter welchen Bedingungen, Fleisch verzehrt werden sollte oder nicht. Ich möchte dies die 5-Regel-Ethik nennen.

## 1. Regel: Schutz des Lebens

Fleisch von Tieren darf grundsätzlich nicht verzehrt werden. Es gibt aber Ausnahmesituationen, in denen Tiere gegessen werden dürfen.

## Ausnahmesituationen

Fleisch, darf gegessen werden, und zwar dann und wirklich nur dann, wenn die folgenden Bedingungen **alle** (also nicht nur einige) erfüllt sind:

## 2. Regel: Hunger

Ein Tier darf dann und nur dann gegessen werden, wenn Hunger / Ernährung das **einzige** Motiv ist **und** kein anderes

Nahrungsmittel zur Verfügung steht, das die Ernährung sicherstellt (das ‚und' ist einschließend: beides muss zutreffen.

### 3. Regel: Maßvolles Töten

Die Menge der getöteten Tiere muss maßvoll sein. Es sollten nur so viele Tiere getötet werden, wie man braucht, um über einen zeitlich begrenzten Zeitraum die Nahrung sicherzustellen.

### 4. Regel: Im Einklang mit der Natur

Das Töten der Tiere muss sich im Einklang mit der Natur befinden.

Erläuterung: Wenn jemand aus Hunger ein Tier tötet, weil er nichts anderes zu essen hat (Erfüllung der Bedingung 1+2), er aber das Tier vorher quält oder leiden lässt, ist er nicht im Einklang mit der Natur. Das heißt, dass er kein Recht hat, das Tier zu töten.

### 5. Regel: Dankbarkeit

Dem getöteten Tier muss Dankbarkeit gezeigt werden. Für jedes getötete Tier muss der Mensch oder Staat 1 Geldeinheit seiner Primär-Landeswährung an Projekte spenden, die den Umwelt- und Tierschutz fördern oder unterstützen.

Erläuterung: Das Tier hat für uns das absolute Opfer gebracht: Es hat **sein** Leben gegeben, damit **wir** leben können. Dafür gebührt dem getöteten Tier unser tiefster Dank. Zum Ausgleich dafür, dass der Mensch etwas von der Natur nimmt, sollte er ihr etwas zurückgeben.

## Anwendung der Massentierhaltung auf die 5-Regel Ethik

Versuchen wir nun die heutige Massentierhaltung (Haltung und Schlachtung) mit diesen oberen moralischen Postulaten in Verbindung zu bringen. Überprüfen wir, ob die Massentierhaltung den Anforderungen standhält.

### Regel 1: Schutz des Lebens

Die moderne Massentierhaltung verstößt gegen Regel 1, das Leben grundsätzlich schützen zu wollen. Das sieht man daran, dass die Fleischindustrie kein Interesse hat, unnötige Tötungen zu vermeiden. Es ist das genaue Gegenteil: Tiere, die nicht mehr rentabel sind, werden nicht in Freiheit entlassen. Kranke und verletzte Tiere könnten aussortiert werden oder in die Obhut von Tierfreunden gegeben werden. Dies wäre ohne weiteres möglich. Nein, auch diese Tiere werden getötet. Die Tötungsmaschinerie ist gründlich und gnadenlos. Das widerspricht dem Tierschutzgesetz, welches das Tier schützen soll. Außerdem bewertet die Industrie Fleisch als ein Grundnahrungsmittel. Dies bedeutet, dass das Essen von ermordeten

Tieren als selbstverständlich betrachtet und der Tod eines Lebewesens billigend in Kauf genommen wird. Dies steht dem ersten Gesetz, das sich dem Schutz und der Erhaltung des Lebens verpflichtet, diametral entgegen. Die Würde des Tiers wird nicht geachtet, da sein Dasein nichts zu zählen scheint. Es wird, ohne zu zögern, getötet. Die Tiere werden wie *Rohstoffe* behandelt, die verarbeitet werden. Das Ermorden und der Umgang mit den Leichnamen sind klinisch. Es gibt keinerlei Pietät, die beim Tod von Menschen gezeigt wird. Dies ist ein Verstoß gegen die Würde der Tiere. Der Umgang mit Tieren zu Lebzeiten ist auch nicht besser. Sie werden gezüchtet und künstlich gezeugt. Sie werden verstümmelt wie zum Beispiel durch das Kürzen der Schnäbel kürzen bei Hühnern oder das Kupieren der Ringelschwänze bei Schafen und Schweinen. Sogar die geforderten minimalen Grundfreiheiten der Tiere „genügend Bewegungsfreiheit zu haben, um sich ohne Probleme umzudrehen, zu pflegen, aufzustehen, hinzulegen und alle Gliedmaße zu strecken..." aus dem Brambell Report[18] werden nichtrespektiert.

**Regel 2: Motiv Hunger**

Die Beweggründe der Fleischindustrie aller hochentwickelten

---

[18] F.W. Roger Brambell "Report of the Technical Committee to Enquire into the Welfare of Animals Kept under Intensive Livestock Husbandry Systems", 1965

Staaten sind profitgelenkt. Ihr Motiv ist nicht der, den Nahrungsbedarf des Landes sicherzustellen. Das war die Triebfeder vor 100 Jahren. Heute spielt das Ernähren der Bevölkerung einen eher untergeordneten Aspekt. Jetzt erfüllt die Fleischindustrie kulinarische Bedürfnisse. Die Industrie tötet Tiere, um den Genuss der Menschen mit einer großen Auswahl und Vielfalt von Fleisch zu bedienen. Das Fleisch wird in rauen Mengen produziert, weil es so billiger in der Herstellung ist und weil es sich dann besser verkaufen lässt. Der Preis ist derart niedrig, dass alle Bürger (auch die unteren Schichten) der Industrienationen sich viel Fleisch kaufen können. Die Fleischindustrie ermordet 84 Milliarden Tiere weltweit überwiegend für eine kulinarische Vielfalt. Sie schlachtet nicht so viel wie *nötig*, um Menschen zu ernähren, sondern so viel wie *möglich*, um den menschlichen Genuss zu erhöhen. Dies ist unethisch und verstößt eindeutig gegen die 5-Regel Ethik.

**Regel 3: Maßvolles Töten**

Die Fleisch- und Fischindustrie tötet jährlich 82 Milliarden Tiere und Milliarden von Fischen. Diese Zahl ist nicht maßvoll, um für die Ernährung zu sorgen. Die absurden Zahlen belegen, dass Tiere in Massen getötet werden. Die Industrie verstößt nicht nur gegen Regel 3, sondern sie pervertiert sie in ihr Gegenteil.

## Regel 4 und 5: Im Einklang mit der Natur/Dankbarkeit

Ich glaube aus dem gesagten zu den Regeln 1 – 3, geht hervor, dass die Massentierhaltung sich weder im Einklang mit der Natur befindet, noch dem Tier dankbar ist.

# Kapitel 5 Volksbegehren „Zurück zum Sonntagsbraten"

Das Motto „Zurück zum Sonntagsbraten" drückt für mich aus, was die meisten Menschen in Deutschland denken:

- ✓ Es wird deutlich zu viel Fleisch gegessen
- ✓ Die Qualität des Fleisches ist schlecht
- ✓ Es werden zu viele Tiere geschlachtet
- ✓ Tiere sollen nicht gequält werden

Die meisten Deutschen wären bereit, mehr für Fleisch zu bezahlen, wenn sie dadurch wüssten, bessere Qualität zu erhalten. Außerdem möchte kein Deutscher, dass Tiere gequält werden. Früher wurde Fleisch nur am Sonntag gegessen, weil es teuer und etwas Besonderes war. Heute isst jeder Deutscher im Schnitt 87kg Fleisch pro Jahr (Thünen Institut, Steckbriefe zur Tierhaltung in Deutschland: Ein Überblick, 2018). Die Deutsche Gesellschaft für Ernährung empfiehlt 300g – 600g Fleisch pro Woche, was umgerechnet zwischen 21kg bis 29kg jährlich entsprechen. Das bedeutet, dass jeder Deutsche dreimal so viel Fleisch isst, wie für ihn gesund wäre. Für die Erhaltung der Volksgesundheit wäre es völlig unproblematisch, wenn sich die

Fleischproduktion um mehr als ein Drittel reduziert. Wenn wir wie früher dazu zurückkehren würden, nur am Sonntag Fleisch zu essen, wäre dies ausgewogen und vernünftig. Dazu brauchen wir keine Massentierhaltung.

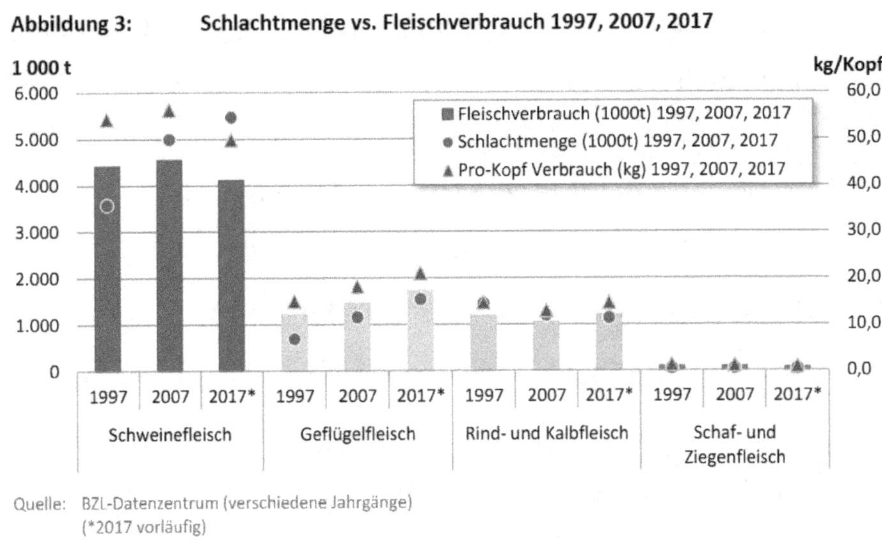

**Abbildung 3:**      **Schlachtmenge vs. Fleischverbrauch 1997, 2007, 2017**



Quelle:  BZL-Datenzentrum (verschiedene Jahrgänge)
(*2017 vorläufig)

Mir ist aber bewusst, dass es ein jahrzehntelanger Prozess ist bis der Mensch sein Verhalten zum Tier und zum Fleischgenuss ändert. Bis dahin werden Aber-Milliarden Tiere leiden und getötet werden. Ich habe lange darüber nachgedacht, wie man dies am besten verhindern kann (zumindest in Deutschland). Der erste Schritt besteht darin, die Massentierhaltung zu beenden. Dazu bedarf es gezielter politischer Aktionen. In Deutschland gibt es **das** Instrument des Volksbegehrens und des Volksentscheids. Dieses sollte zur Änderung der politischen Situation so schnell wie möglich eingesetzt werden.

> Ich fordere hiermit sämtliche Tier- und Umweltschutzorganisationen / Parteien in Deutschland auf, **Volksbegehren zeitgleich in allen Bundesländern** einzureichen Das Ziel des Volksbegehrens soll darin bestehen, die industrielle Massentierhaltung mit sofortiger Wirkung zu beenden. Diese soll durch die Prinzipien des ökologischen Landbaus ersetzt werden

Ich bin sicher, dass die meisten Bundesbürger nicht *vollständig* auf Fleisch verzichten wollen. Fleisch bedeutet für sie ein Stück Genuss und Lebensqualität. Fleisch ist Teil der europäischen Esskultur seit vielen Jahrtausenden. Deshalb wird ein Aufruf zum vollständigen Verbot von Tierschlachtungen nicht zum Erfolg führen. Wie Sie wissen, bin ich gegen jegliche Tierschlachtungen (außer in Notfällen). Doch es macht keinen Sinn, das zu fordern, weil die Menschen noch nicht so weit sind. Bewusstseinsveränderungen gehen Schritt für Schritt. Und die erste Maßnahme ist das Verbot der industriellen Massentierhaltung. Dieses Gesetz würde jährlich hunderten Millionen Tieren in Deutschland das Leben retten und Ihnen ein artgerechtes Dasein ermöglichen. Durch den Verzicht auf das industrielle Halten würde die Anzahl der getöteten Tiere dramatisch sinken würde. Gleichzeitig würde der auf reine Effizienz ausgerichtete Umgang mit den Tieren deutlich besser werden. Dramatische Züchtungen, die das Schnellwachstum fördern und bei den Tieren Gelenkschmerzen und Herzprobleme hervorrufen, würden der Vergangenheit angehören. Die Tiere könnten an die frische Luft und wieder natürlich und froh leben. **Anstelle der Massentierhaltung könnten die Tiere nach den Prinzipien des ökologischen Landbaus gehalten werden.**

VOLKSBEHREN GEGEN DIE MASSEN-
TIERHALTUNG

Zurück zum Sonntagsbraten

Tiere sind fühlende, soziale und schmerzempfindende Lebewesen. Deshalb fordern wir das sofortige Verbot von Massentierhaltung und jeglicher Form von Tierhaltung, in denen Tiere als seelenlose industrielle Güter behandelt werden. Die Tiere sollen nach den artgerechten Prinzipien des ökologischen Landbaus gehalten werden.

Sind Sie für ein sofortiges Verbot der Massentierhaltung und dass diese umgehend durch die artgerechte Tierhaltung nach den Prinzipien des Ökolandbaus ersetzt wird?

Ja ☐      Nein ☐

**Abbildung 1** Volksbegehren gegen Massentierhaltung

# III NACHWORT

Die Massentierhaltung hilft keinem. Es gibt nur Verlierer: Die Tiere, die Landwirte, die Verbraucher und die Umwelt. Systeme dieser Art brechen eines Tages zusammen – aber das kann dauern. Vielleicht löst sich das Problem technologisch. Es ist möglich Fleisch im Labor zu züchten. Dann bräuchten keine Tiere mehr zu leiden und zu sterben. Noch ist die Produktion von sogenannten „Kunstfleisch" zu teuer. Aber sobald die Herstellung von Laborfleisch rentabel ist, wird dies hoffentlich die mörderische Massentierhaltung obsolet machen. Vielleicht müssen dann überhaupt keine Tiere mehr ermordet werden. Ich kann nur hoffen, dass dies bald geschieht. Jede weitere Tötung unschuldiger Geschöpfe ist eine ethische Todsünde. Sie bringt die Menschheit weiter in Verruf. Ich fürchte mich vor dem Karma des Menschengeschlechts, denn jede Handlung führt zu Konsequenzen. Diese erleben wir gerade. Die Meere sind vergiftet, CO2 heizt die Erde auf und die Korallenriffe sterben. Der Planet lässt sich das nicht mehr gefallen: Er schlägt zurück. Wir erleben Klimawandel, der sich in extremem Wetter niederschlägt. Hitzeperioden, Feuersbrünste, Supertornados, Kältewellen und sintflutartige Regenfälle sind bereits Teil unseres Alltags geworden. Aber ich fürchte, das ist erst der Anfang.

Dieses Jahrhundert steht die Menschheit am Scheideweg.

Wenn wir so weitermachen wie jetzt, wird es in absehbarer Zeit nicht mehr viele Menschen geben. Wir vernichten uns selbst. Denn wir sägen mit fröhlichen Unterlass an dem Ast, der uns trägt. Aber wäre die Welt dadurch wirklich schlechter dran? Seien wir ehrlich: Das wäre sie nicht. Das Gegenteil wäre der Fall.

Aber die Menschheit kann das Ruder rumreißen. Jetzt! Das ist möglich, wenn die Menschen endlich verstehen, dass sie nicht die Herrscher über den Planeten sind. Das Bibelzitat „Macht Euch die Erde untertan" wurde von den Menschen im Sinne der Beherrschung ausgelegt. Aber: „Das hebräische Verb *kabasch* (bisher übersetzt als „untertan machen") hat auch die Bedeutung „als Kulturland in Besitz nehmen", „dienstbar, urbar machen", wie Vergleiche mit Verbübersetzungen in anderen biblischen Büchern (Num 32 EU und Jos 18 EU) zeigen".[19] Der Mensch ist verantwortlich für das Wohlergehen der ganzen Welt, die ihm von Gott anvertraut wurde. Deshalb haben wir die Verpflichtung, respektvoll und wohlwollend mit der Erde umzugehen. Von einer Ausbeutung und Ausschlachtung der Natur zu anthropozentrischen Bedingungen war nie die Rede, denn „aus großer Kraft folgt große Verantwortung."[20] Wir soll-

---

[19] Wikipedia 2019, Suchbegriff *Dominium terrae*

[20] Stan Lee's Spider Man, Amazing Fantasy #15, 1962

ten das Naturreich wie unsere Kinder behandeln. Wir sollten unsere Macht dazu nutzen, die Erde zu ihrem Besten zu hegen, sie zu lieben, sie vor allem Unrecht zu schützen. Der heutige Umweltschutz macht endlich erste Schritte. Aber Triebfeder ist die Angst vor der Natur und nicht die Liebe zu ihr!

Wenn wir beginnen, im Sinne einer technologischen Ökokratie, Mutter Natur als **gleichwertigen** Partner anzuerkennen, steht uns allen eine wunderbare Zukunft offen. Menschlicher Fortschritt muss nicht im Widerspruch zur Tier- und Pflanzenwelt stehen. Die Menschheitsentwicklung wird nicht mehr auf Kosten der belebten und unbelebten Natur gehen. Wir werden den Planeten in einen blühenden Garten verwandeln. Ich bin davon überzeugt, dass der respektvolle Umgang mit Mutter Erde dazu führen wird, dass die Menschen sich untereinander in vermehrten Maße respektieren. Ein Ende von Krieg, Armut und Ungerechtigkeit ist möglich.

# Literaturverzeichnis

**Alighieri, D.** (1321). Die Göttliche Komödie. In 9. Hölle III.

**Arte TV.** (2014). Das Leben der Kühe.

**Brambell, F. R.** (1965). *Report of the Technical Committee to En-quire into the Welfare of Animals Kept under Intensive Livestock Husbandry Systems*.

**Brecht, B.** (1928). *Die Dreigroschenoper, Aus der Ballade "Ja wovon lebt der Mensch"*. Berlin.

**Bundesministerium für Ernährung- und Landwirtschaft.** (2018). Abgerufen am 15. Juni 2018 von www.bmel.de

**Bundesministerium für Bildung und Forschung.** (2018). Abgerufen am 1. Oktober 2018 von www.bmbf.de

**Deutsche Gesellschaft für Ernährung.** (2018). Abgerufen am 23. Dezember 2018 von www.dge.de

**Deutscher Jagdverband.** (2018). *Jahresjagdstrecke Bundesrepublik Deutschland, Jagdjahr 2016/2017*. Berlin. Abgerufen am 7. Juli 2018 von www.jagdverband.de

**Deutscher Tierschutzbund.** (2018). Abgerufen am 18. August 2018 von www.tierschutzbund.de

**Food and Agriculture Organization of the UN (FAO).** (2018). *FAOSTAT*. Abgerufen am 30. März 2018 von www.fao.org

**Gott.** (2000 v.Chr.). *Die Bibel, Altes Testament*. Eden: Kirche. Abgerufen am 24. Dezember 2018

**Jisheng, Y.** (2012). *Grabstein - Mùbei: Die große chinesische Hungerkatastrophe 1958-1962.*

**Lee, S.** (1962). Spider Man, Amazing Fantasy #15, 1962.

**Shakespeare, W**. (1600). Der Kaufmann von Venedig. In *Dritter Aufzug, Erste Szene.*

**Statistisches Bundesamt**. (2018). *Datenbank Genesis.* Wiesbaden. Abgerufen am 30. Mai 2018 von www-genesis.destatis.de

**Süddeutsche Zeitung.** (2014). Hungertote Tiere. *Christian Habbe.* Abgerufen am 23. Januar 2019 von www.sueddeutsche.de

**Thunen Institut**. (2018). Steckbriefe zur Tierhaltung in Deutschland: Ein Überblick,. Abgerufen am 3. September 2018 von www.thuenen.de

**Wikipedia.de.** (2018). Von www.wikipedia.de abgerufen

**www.greifvogelverfolgung.de**. (2018). Abgerufen am 25. März 2018

**www.kostenlose-urteile.de**. (2018). Abgerufen am 4. Juni 2018

## Über den Autor

Grischa Thomas W. Eichfuss ist Jahrgang 1968 und studierte Philosophie und Soziologie in Heidelberg. Der Autor leidet seit seiner frühesten Kindheit an einer progressiven Muskeldystrophie. Inzwischen ist die Erkrankung so weit fortgeschritten, dass er rund um die Uhr gepflegt werden muss und ein Beatmungsgerät benötigt. Trotzdem oder gerade deshalb hat er ein besonderes Verständnis für Lebewesen entwickelt, die auf menschlichen Schutz angewiesen sind. Sein Thema ist die Ethik, sein Leitbild der Humanismus! Diesen erweitert der Autor auf alle Lebewesen und das gesamte Universum.

Grischa Thomas W. Eichfuss leitet seit 10 Jahren die von ihm gegründete Firma Darmvital von seinem Wohnhaus im Neckar-Odenwald Kreis nahe Weinheim. Sein Kater Socke bewohnt mit ihm und seiner Mutter dort ein schönes, barrierefreies Haus, das Grischa Thomas W. Eichfuss 2001 dort erreichten ließ.

# Eigene Notizen

www.ingramcontent.com/pod-product-compliance
Lightning Source LLC
Chambersburg PA
CBHW070825240726
48654CB00007B/472